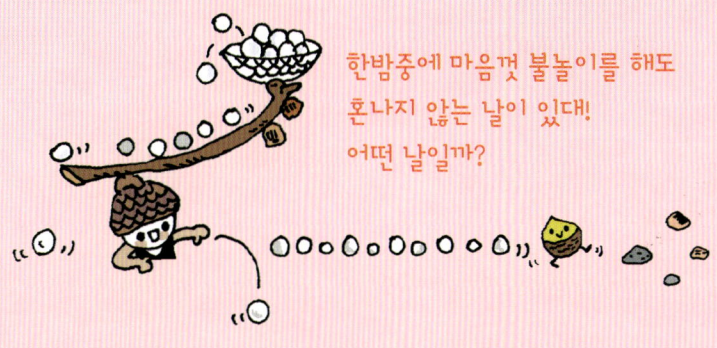

한밤중에 마음껏 불놀이를 해도
혼나지 않는 날이 있대!
어떤 날일까?

민속 명절과 풍습

볼 것도 많다 살 것도 많다

최향 글 | 이은천 그림

오늘책

설날

새 옷 입고
세배하고
용돈 받고
하하하

새 신 신고
제기 차고
하나, 둘, 셋……
호호호

떡국 먹고
나이 먹고
어른 된 것 같아

점잖 빼고 앉아서
헛기침도 해 보고
흠! 흠!

정월 대보름

호두 땅콩 부럼 깨고
오곡밥 먹고

친구들 모두
쥐불놀이 한다

깡통에
불씨 넣고
삭정이 넣고

빙글빙글 돌린다
하늘 높이 던진다

달님 향해 던진다
내 소원 담아서.

한식

평소엔 배탈 난다
찬 음식 먹지 마라
타이르던 어머니
오늘은
찬밥을 주시네

찬밥 먹고 성묘하고
벌초하라 하시네

난 고갤 갸우뚱
엄마를 바라봤네
낫 한 자루 꺼내 주고
조심하라 하시네

아~ 그랬구나
벌초하다 졸릴까 봐
졸다가 다칠까 봐
찬밥을 주셨구나.

단오

창포물에 머리 감고
춘향이 그네 탄다

한 마리 나비 되어
하늘 높이 오른다

아지랑이 아질아질
졸던 이 도령
깜짝 놀라 일어나
춘향이 바라본다

댕기 머리 팔랑팔랑
창포향 솔~ 솔~

꿈인지 생시인지
나비인지 천사인지
넋 나간 이 도령
왕방울 눈 됐다.

칠월 칠석

견우와 직녀 너무 사랑하다
옥황상제 미움 받고 쫓겨났대요
빌고 빌어 일 년에 7월 7일 한 번,
한 번만 만나도록 허락 받고요
견우는 동쪽 직녀는 서쪽으로 쫓겨났대요

둘은 서로 헤어져 일 년을 기다리고
만나러 나왔으나 은하수 가로막혀
만날 수 없었대요 발만 동동 굴렀대요
까마귀들 지켜보고 불쌍히 여겨
몸과 맘 잇고 이어 다리 놓아 주었대요
오작교 놓았대요

한걸음에 달려와 만난 두 사람
잡은 손 놓지 않고 하염없이 흘린 눈물
오작교를 적셨대요
온 세상 적셨대요.

추석

일 년 농사 풍년이다
햇과일 햇곡식
조상님께 제 올리고
우리 모두 웃음 가득

높고 푸른 하늘 아래
나는, 나는 새 신 신고
너는, 너는 새 옷 입고
깡충깡충
껑충껑충
성묘 가는 길

코스모스 살랑살랑
반갑다고 손 흔든다
잠자리 떼 빙글빙글
좋아라 춤춘다

오늘은 한가위
오늘은 추석.

동지

팥죽 어른 나가신다
악귀들 물러가라

대문 팥죽 도착했다
대문 귀신 물러가라
어~험

장독대 팥죽 나왔다
장독대 귀신 물러가라
에~헴

헛간 팥죽 나타났다
헛간 귀신 물러가라
아~함

모든 악귀 물러가라
물러가거라

동짓날 엄마는
팥죽 쑤어 돌리며
집 안 곳곳 돌리며
우리 건강 지킨다
풍년을 기원한다.

장터

할머니 짚으로 달걀 싸매고
할아버지 닭 한 마리
새끼줄에 묶어
장에 가신다
나도 졸졸졸

엿장수 짤랑짤랑
약장수 뱀 묘기
두리번, 두리번
볼 것도 많다
살 것도 많다

할머니 졸라 솜사탕 먹고
할아버지 졸라 찐빵도 먹고

북적대는 장날
신나는 장터.

나루터

강가에 매어 있는
나룻배 한 척

아침에 많은 손님
실어 나르고

저녁 손님 많이
나르기 위해

잔잔한 물결 위
흔들흔들
몸 풀고

사공은 하품하다
어느새 꾸벅꾸벅
그늘 아래
잠들었다

지금 나루터는
휴식 중.

풀무

할머니 풀무 돌린다
아궁이 불씨 넣고
풀무 돌린다

윙~ 윙~ 바람 소리
불꽃 일으키는 소리

삭정이
나뭇가지
마른 볏짚
태운다

재가 될 때까지······

할머니 풀무질
따뜻한 우리 집.

초가집

황금 낟알 털어 내고
생명 다한 볏짚들

이엉 되어 날아올라
지붕을 단장한다

초가지붕 황금 지붕
온 동네 환하다.

키질

할머니 손에 맞춰
착척 착척

벼 알맹이 깨 알맹이
올라갔다 내려갔다

쭉정이 날아간다
알맹이 남는다

착척 착척
할머니 키질에
날리고 싶은 쭉정이
내 맘의 쭉정이.

아궁이

부지깽이 탁! 탁!
새벽 깨우고

삭정이 활활
불태우고

솥단지 엉덩이
뜨겁게, 뜨겁게
밥 짓고
국 끓인다

시커먼 아궁이
아침부터
바쁘다 바뻐.

 함께 읽어요

우리 민속 명절과 풍습 이야기

설날에는 왜 떡국을 먹고, 복조리를 걸어 둘까요?

이불에 오줌을 쌌을 때 뒤집어쓰던 키는 무엇에 쓰는 물건일까요?

오래 전부터 내려온 명절의 의미와 조상들이 쓰던 물건을 살펴보면서

그 속에 담긴 우리 민족의 지혜를 함께 느껴 볼까요?

설날

함께 읽어요!

🌰 새로운 해가 시작되는 설날

'까치 까치 설날은 어저께고요, 우리 우리 설날은 오늘이래요.'
음력 정월 초하룻날(1월 1일)은 한 해가 시작되는 첫날인 설날이에요.
우리 민족 최대의 명절인 설날에는 아침 일찍 일어나서 설빔을 차려입고,
조상들께 차례를 지내요. 차례가 끝나면 어른들께 세배를 하지요.
세배를 받은 어른들은 좋은 일이 가득하라는 덕담과 함께 세뱃돈을
주시지요.

🌰 떡국을 먹고 한 살 더 먹는 설날

설날은 떡국을 먹고 나이 한 살 더 먹는 날이에요.
그래서 어른들은 나이를 물을 때 몇 살이냐고 묻는 대신,
떡국을 몇 그릇 먹었냐고 묻기도 했어요. 설날에 떡국을 먹는
건 새해 첫 날을 엄숙하고 청결하게 맞는다는 뜻이에요.
길고 흰 가래떡에는 장수를 기원하는 마음과 한 해를 밝게
보내자는 뜻도 있지요. 나이를 빨리 먹고 싶은 아이들은
떡국을 두 그릇씩 먹기도 했답니다.

설날에는 가래떡을 둥글게 썰어서
떡국을 끓여 먹어요.

🍲 복이 가득 들어오길 빌어요!

설날 새벽에는 복조리를 문이나 벽에 걸어 두어요. 조리는 쌀을 이는 도구인데, 정월 초하루에 새로 사는 조리를 복조리라고 했어요. 조리로 쌀을 일듯이 집안에 복이 많이 일어나라는 뜻이랍니다. 먹을 것이 많지 않았던 옛날, 설날은 평소에 먹기 힘든 쌀밥이며 고기, 생선, 약과 등 맛있는 음식을 배불리 먹을 수 있는 날이었어요. 맛있게 먹은 다음에는 윷놀이나 널뛰기, 연날리기 같은 민속놀이를 하며 신나게 즐겼지요.

복조리를 걸고 새해에 복이 많이 들어오기를 빌었어요.

가루를 곱게 칠 때 쓰는 체에는 작은 구멍이 셀 수 없을 만큼 많아요.

🍲 신을 훔치려는 앙괭이를 쫓아요!

설날 밤에는 앙괭이라는 귀신이 찾아와서 자기 발에 맞는 신을 훔쳐 간다는 이야기가 있어요. 앙괭이에게 신을 도둑맞으면 일 년 내내 운수가 나쁘다고 믿었지요. 그래서 설날 밤에는 신을 보이지 않는 곳에 꼭꼭 감추고 집 안에 체를 걸어 놓았어요.

신을 훔치러 온 앙괭이가 밤새도록 체에 있는 구멍이 몇 개인지 세다가, 새벽닭이 울면 놀라서 도망을 간다고 생각했답니다.

정월 대보름

함께 읽어요!

🌰 부럼과 나물을 먹는 정월 대보름

'정월'은 한 해를 처음 시작하는 달로 그 해를 계획하고 운세를 점쳐 보는 달이에요. 음력 1월 15일인 '대보름'은 1년 중 달이 가장 밝고 빛나는 날이지요. 대보름날 아침, 일어나자마자 어머니는 아이들을 불러 놓고 부럼을 나눠 줬어요. 호두, 잣, 밤, 땅콩 같은 부럼을 깨물면 이가 튼튼해지고 부스럼이 나지 않는다고 했지요. 정월 대보름에는 찹쌀, 수수, 팥, 차조, 콩 같은 곡식을 넣은 오곡밥과 아홉 가지 나물을 먹었답니다.

대보름날 묵은 나물로 반찬을 해 먹으면 한여름에도 더위를 먹지 않는대요.

🌰 풍년과 건강을 빌어요!

대보름날에 아는 사람을 만나면 "내 더위 사 가라!"라고 소리치며 더위를 팔았어요. 더위를 판 사람은 여름 동안 더위를 먹지 않는다고 생각했지요. 저녁에는 온 가족이 함께 새해에 처음 뜬 둥근 보름달을 보고 소원을 빌었어요. 정월 대보름에는 놋다리밟기, 연날리기, 쥐불놀이, 볏가릿대 세우기, 나무그림자점 같은 놀이를 하면서 풍년과 건강을 기원했답니다.

대보름날 밤에는 쥐불놀이를 하면서 풍년을 기원했어요.

찬밥을 먹는 한식

한식은 동지(양력 12월 22일쯤)로부터 105일째 되는 날이에요. 4월 5일이나 6일 무렵으로 설날, 단오, 추석과 함께 4대 명절 중 하나이지요.
한식 때에는 불도 때지 않고, 찬밥을 먹는 풍습이 있어요. 이런 풍습은 왜 생긴 걸까요?
불을 피우는 라이터나 성냥이 없던 옛날에는 집집마다 불씨를 꺼뜨리지 않는 것이 무척 중요했어요.
불씨를 소중히 간직해서 쓰다가 한식 때가 되면 나라에서 나누어 주는 새 불씨로 바꾸었지요.
새 불씨를 받으려면 일 년 동안 썼던 묵은 불을 꺼야 했기 때문에 한식에는 새 밥을 지어 먹지 못하고, 전날에 지어 놓았던 찬밥을 먹게 되었다고 해요.

한식에는 조상의 무덤을 찾아가서 성묘도 하고 주변도 돌보아요.

조상님 무덤을 돌보고 농사도 준비해요!

한식에는 여러 가지 음식과 과일을 준비해서 성묘를 다녀왔어요. 잡초도 뽑고, 망가진 잔디도 다시 입히고, 무덤 주변에 나무도 심었지요.
미리 마련해 놓은 찬 음식을 먹고, 닭싸움이나 그네뛰기도 즐겼답니다.
농촌에서는 한식 무렵에 농사 준비를 했어요. 겨울 동안 얼었던 논둑으로 물이 새지 않게 가래질을 하고, 논둑을 다지고, 논을 갈았지요.

단오

함께 읽어요!

창포물에 머리 감는 단오

음력 5월 5일은 '수릿날'이라고도 부르는 단오예요. 일 년 중 가장 원기가 왕성한 날이라고 해서 큰 명절로 생각하고 여러 가지 행사를 했지요.
단오에는 창포를 삶은 물에 머리를 감았어요. 창포는 물가에서 자라는 풀인데, 창포물에 머리를 감으면 비듬이 없어지고, 머리카락에 윤기가 난다고 했지요. 또, 건강을 기원하며 물을 맞는 '단오 물맞이 놀이'도 했어요. 단오가 있는 음력 5월에는 비가 많이 와서 병이 생기기 쉬웠어요. 그래서 질병을 막는 풍습이 많았답니다.

요즘에도 단옷날이 되면 창포물에 머리 감는 행사를 해요.

씨름도 하고 그네도 뛰며 놀아요!

단오는 모내기를 마치고, 더위가 시작되기 전에 흥겹게 즐기며 쉬는 날이에요. 단옷날 대표적인 놀이로는 그네뛰기와 씨름이 있어요. 평소에 밖에 나가 놀 기회가 적었던 여자들은 단옷날 그네뛰기를 하며 맘껏 맵시를 자랑했어요. 남자들은 씨름을 하며 누가 가장 힘이 센지를 겨루었지요.
단오에는 수리취와 멥쌀가루를 섞어서 수레바퀴 모양으로 만든 수리취떡이나 쑥떡, 망개떡 등을 먹었답니다.

🍯 견우와 직녀가 만나는 칠석

음력 7월 7일은 견우와 직녀 이야기가 전해 내려오는 칠석이에요. 옛날 하늘 나라에 소를 치는 견우와 옷감을 잘 짜는 직녀가 살았어요. 두 사람은 사랑에 빠져서 일은 안 하고 놀기만 했지요. 화가 난 옥황상제는 둘을 은하수 양쪽으로 멀리 떨어뜨려 놓고 1년에 딱 한 번, 칠석날에만 만나도록 했대요. 칠석날이 되면 견우와 직녀는 까마귀와 까치가 놓아 준 다리를 건너서 만나는데, 둘이 흘리는 눈물 때문에 칠석날 비가 자주 내린다고 해요.

🍯 밤에는 별을 보고 빌어요!

음력 7월 7일이 되면 무더위도 고개 숙이고 장마도 지나간 뒤라서 호박이 잘 열리고 오이와 참외가 많이 나와요. 칠석날 밤에는 북두칠성에게 호박 부침을 바치며 가족들이 건강하기를 빌었어요. 처녀들은 직녀성을 보면서 직녀처럼 바느질을 잘하게 해 달라고 빌었지요.
칠석에는 장마 동안 눅눅해진 옷이나 책을 꺼내어 햇볕에 말리는 풍습도 있었답니다.

정성껏 부친 호박 부침을 놓고 소원을 빌었어요.

추석

함께 읽어요!

🌰 조상님께 감사하는 풍요로운 추석

음력 8월 15일은 중추절, 한가위라고도 부르는 추석이에요. 추석은 아주 오래 전부터 조상 대대로 지켜온 큰 명절이지요. 추석에는 새로 거둔 쌀로 밥도 짓고, 송편도 빚고, 술도 빚어서 조상님께 차례를 지냈어요. 한 해 동안 잘 돌보아 주신 것을 감사하는 의미랍니다.

추석은 일 년 중 가장 풍요로운 때예요. 아무리 가난한 사람도 떡을 빚어서 나눠 먹었을 정도로 넉넉했지요. 그래서 '일 년 열두 달 365일, 더도 말고 덜도 말고 한가위만 같아라.'라는 말도 생겼답니다.

햅쌀로 송편을 빚어서 조상님께 차례를 지내고, 맛있게 나누어 먹었어요.

🌰 맛있게 먹고 신나게 즐기는 추석

차례를 지내고 나면 송편, 토란국, 전, 햇과일 등이 차려진 아침을 먹고 성묘를 다녀왔어요. 그런 다음에는 하루 종일 신나게 즐겼지요. 남자들은 씨름판에서 힘을 겨루고, 여자들은 모여서 널뛰기나 강강술래 같은 놀이를 했답니다. 오곡이 무르익어 황금빛으로 물들고, 온갖 과일이 풍성한 팔월 한가위는 얻은 것에 대한 감사를 잊지 않는 날이었어요.

🍎 붉은 팥죽을 먹는 동지

동지는 양력 12월 22일쯤으로 일 년 중 밤이 가장 길고, 낮이 가장 짧은 날이에요.
동짓날에는 나쁜 귀신을 쫓으려고 팥죽을 먹었어요. 팥죽을 쑤어서 사당에 놓고 차례를 지낸 다음, 방, 마루, 광 등에 한 그릇씩 떠 놓았지요. 대문이나 벽에다가 팥죽을 뿌리기도 했어요. 그런 다음 다 같이 팥죽을 먹었지요. 붉은 팥이 잡귀를 쫓는다고 믿는 풍습에서 생긴 것이랍니다.

찹쌀가루를 동그랗게 빚은 새알심을 나이 수대로 넣어 먹기도 했어요.

🍎 동짓날 팥죽을 뿌리게 된 유래

동짓날 팥죽을 뿌리는 풍습과 관련된 이야기도 있어요. 옛날 중국에 살던 공공이라는 사람에게는 말썽쟁이 아들이 있었어요. 이 아들은 동짓날에 죽어서 무서운 병을 옮기는 귀신이 되었지요. 공공은 아들이 살아 있을 때 싫어했던 팥으로 죽을 쑤어 뿌리면, 귀신이 되었어도 도망갈 거라고 생각했어요. 그래서 동짓날에 팥죽을 뿌려서 나쁜 귀신을 쫓아내는 풍습이 생겼대요.

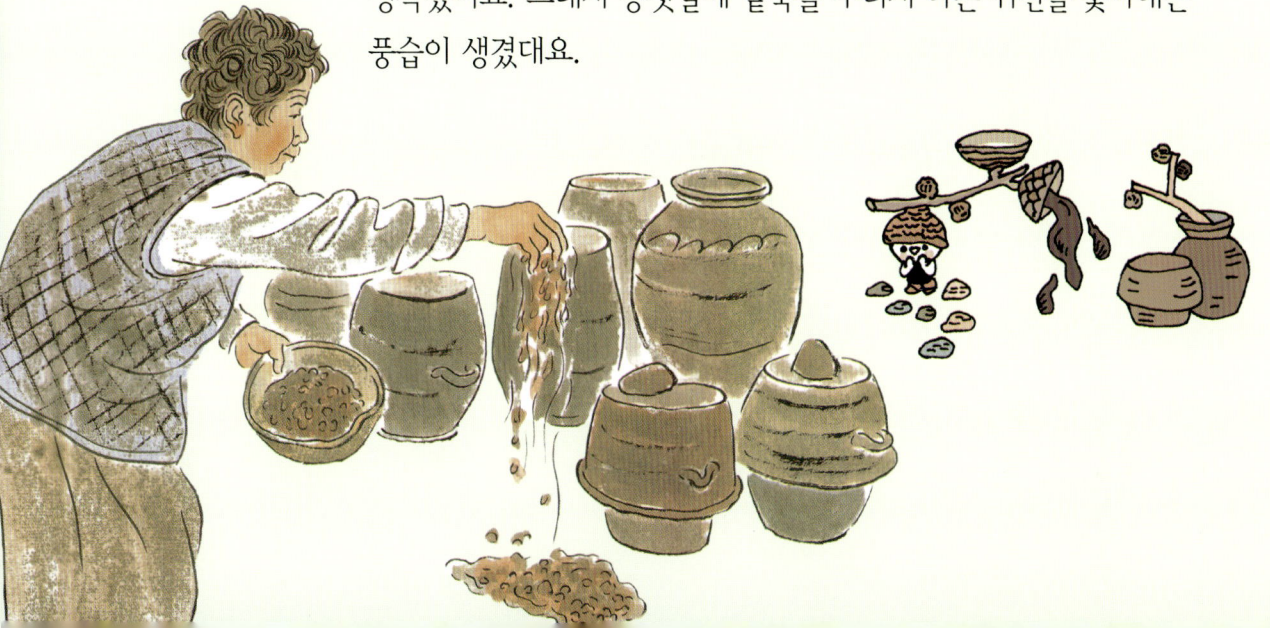

장터

함께 읽어요!

5일마다 열리는 아주 특별한 장터

요즈음 동네에 있는 시장은 대부분 매일 문을 여는 상설 시장이에요. 하지만 옛날에는 5일마다 한 번씩 서는 장에서 물건도 사고, 서로 사는 이야기도 나누었어요.

장터에 가면 할머니들이 길거리에 앉아서 직접 기른 채소나 산에서 뜯은 나물을 풀어 놓고 지나가는 사람들을 불렀어요. 대장간은 칼이나 쟁기를 만들려는 사람들로 붐볐고, 기름집에서는 방금 짠 고소한 참기름 냄새가 솔솔 풍겨 나왔지요. 장이 열리는 날이면 장터 안은 여러 마을에서 모여든 사람들로 발 디딜 틈이 없었답니다.

지금도 오일장이 열리는 곳이 있어요. 먹을거리는 물론 생활에 필요한 다양한 물건을 팔지요.

아이들도 손꼽아 기다리던 오일장

"풀빵 사세요, 풀빵 사세요."

멀리서 풀빵 장수 목소리와 맛있는 냄새가 솔솔 풍겨 오면, 아이들은 엄마를 졸라 풀빵을 사 먹는 재미로 시장에 따라오곤 했어요. 짤랑짤랑 엿가위를 바쁘게 움직이는 엿장수 아저씨, 쿵짝쿵짝 흥겨운 음악과 볼거리로 눈과 귀를 사로잡는 약장수의 공연을 보는 재미도 빼놓을 수 없었지요. 장이 열리기 며칠 전부터 엄마 아빠가 장에서 사 올 고무신과 새 옷을 손꼽아 기다리느라 잠을 설치곤 했답니다.

나루터 함께있어요!

나룻배가 오고 가는 나루터

옛날에는 사람이 직접 건너지 못하는 강이나 깊은 냇물에는 대개 나룻배가 있었어요. 뱃사공은 나무로 만든 작은 나룻배에 사람과 짐을 실어 날랐지요.
강을 끼고 있는 마을에서는 나룻배를 타고 농사를 지으러 가고, 장을 보러 가고, 학교에도 갔어요. 나룻배는 마을 사람들에게 없어서는 안 되는 중요한 교통수단이었지요.

이제는 보기 힘들어진 나루터 풍경

서울 북쪽의 예성강, 남쪽 관문인 한강에는 나루터가 많이 있었어요. 큰 나루터가 있는 곳은 관원이 나와 관리하기도 했지요.
지금은 강에 다리가 많이 생겨서 나룻배가 거의 사라지고 없지만, 옛날에는 나룻배를 타려고 기다리는 사람들을 흔히 볼 수 있었어요.
"배 건너요, 배 건너요."
강 건너편에서 외나무 노를 젓는 뱃사공을 부를 때 울려 퍼지던 소리도, 뱃사공이 노를 저어서 강을 건너던 모습도 이젠 들을 수 없게 되었지요.

조선 시대의 화가인 김홍도가 그린 〈나룻배〉라는 그림이에요. 사람과 소와 말이 함께 배를 타고 있어요.

풀무

함께 읽어요!

🍄 불이 활활 타오르게 해 주는 풀무

풀무는 불을 피울 때 바람을 일으키는 기구예요. 옛날, 쇠를 달구어서 호미나 낫 같은 도구를 만들던 대장간에서는 쇠를 녹일 만큼 높은 온도로 불을 지펴야 했어요. 그럴 때 바람을 일으켜서 불꽃이 강하게 일도록 도와주던 고마운 기구가 풀무예요. 부엌에서 아궁이의 불씨를 살려 불을 피울 때에도 풀무를 썼지요.

상자 모양으로 생긴 풀무예요. 손잡이를 밀면 바람이 나가요.

🍄 손풀무와 발풀무

풀무에는 손으로 작동시켜서 바람을 불어 넣는 손풀무와 풍금을 연주할 때처럼 발로 밟아서 작동시키는 발풀무가 있어요.
손풀무는 보통 집이나 작은 대장간에서 썼어요. 둥근 원통 속에 바람개비가 있어서 손잡이를 돌리면 바람을 일으키는 종류도 있고, 상자처럼 생겨서 손잡이를 밀고 잡아당기면서 바람을 일으키는 것도 있지요.
발풀무는 무쇠솥이나 쟁기, 도끼 등을 만드는 큰 대장간에서 썼어요.

짚으로 지붕을 만든 초가집

초가는 짚이나 갈대 등으로 지붕을 이어서 지은 집이에요. 우리나라에서 언제부터 초가지붕을 만들기 시작했는지는 확실하지 않지만, 벼농사가 시작된 삼국 시대 때부터라고 전해지고 있어요. 초가지붕의 재료로 볏짚(낟알을 떨어낸 벼의 줄기)을 주로 썼지만 산이 많은 지방에서는 억새, 갈대, 겨릅(껍질을 벗긴 삼의 줄기) 등을 쓰기도 했어요. 바람이 심한 지방에서는 짚을 꼬아 만든 새끼를 엮어 덮기도 하고, 돌을 매달기도 했지요.

여름에는 시원하고 겨울에는 따뜻해요!

지붕을 덮은 속이 빈 볏짚에는 공기가 들어 있어요. 여름에는 뜨거운 햇볕을 막아 주고, 겨울에는 집 안의 따뜻한 기운이 밖으로 빠져나가는 것을 막아 주지요. 그래서 초가집에 있으면 여름에는 시원하고 겨울에는 따뜻해요. 초가집의 흙벽은 온도와 습도를 조절하는 효과가 있어서 사람 몸에도 좋지요. 지붕부터 벽까지 자연에서 얻을 수 있는 재료로 만든 초가집은 환경에도 해를 끼치지 않고 사람에게도 좋은 집이랍니다.

볏짚으로 지붕을 엮은 초가집은 서민들의 소박한 살림집이에요.

함께 읽어요! 키

곡식 알맹이만 쏙쏙 골라내는 키

키는 곡식을 담고 까불러서(위아래로 흔들어서) 껍질은 날려 버리고 알맹이만 골라내는 기구예요. 대나무, 고리버들, 소나무 뿌리, 청올치(칡넝쿨의 속껍질) 끈 등을 엮어서 만들었어요. '싸라락싸라락' 키를 까부르면 가벼운 쭉정이는 바람에 날아가거나 앞에 남고, 무거운 곡식 알갱이는 뒤쪽에 모였지요. 바람이 조금 부는 날에는 키질이 더 잘 되었어요. 키 바닥에 곡식들이 부딪히는 소리는 배고팠던 시절 듣기만 해도 정겨운 소리였답니다.

키는 앞쪽은 넓고 평평하고, 뒤쪽은 조금 우그러진 모양으로 생겼어요.

키 쓰고 소금 얻어 오너라!

키는 곡식을 골라낼 때 말고도 쓰였어요. 옛날에 어린아이가 이부자리에 오줌을 싸면 어머니는 오줌 싼 아이에게 키를 뒤집어씌웠어요. 손에는 쪽박을 하나 들려서 이웃집으로 소금을 얻으러 보냈지요. 키를 쓴 모습을 본 이웃 사람들은 소금을 주며 오줌 싼 아이를 놀리거나 혼을 내 주었는데, 그러면 창피한 아이가 오줌을 가리게 된다고 생각했답니다.

나무를 넣고 불을 때는 아궁이

옛날에는 지금과 달리 기름도 없었고 가스도 없었어요. 그렇다면 옛날 사람들은 어떻게 밥을 하고, 차가운 방을 따뜻하게 했을까요?

옛날 부엌의 모습을 보면 커다란 가마솥이 걸린 아궁이를 볼 수 있어요. 이 아궁이에 잘 말린 나무를 넣고 불을 피워서 밥도 하고 방도 따뜻하게 덥혔지요. 집의 구조와 크기에 따라 약간 차이가 있지만, 대개 집집마다 두 개에서 네 개 정도의 아궁이가 있었어요.

아궁이는 보통 부뚜막과 함께 있어요. 부뚜막 위에 솥을 올려놓고 썼지요.

구들을 데워 방을 따뜻하게 해요!

아궁이에 불을 때면 뜨거운 연기와 불기운이 방 밑에 있는 골을 통과해요. 골 위에는 넓고 얇은 돌을 올리고 흙을 덧발라 놓은 구들장이 있지요. 불기운이 구들장을 데우면 방바닥과 방 안이 따뜻해졌어요.

구들장 밑을 지난 불기운은 굴뚝을 통해 밖으로 나가지요. 이렇게 아궁이에 불을 때서 방바닥 전체를 데우는 난방 시설을 온돌이라고 해요. 온돌은 우리 민족 고유의 난방 장치랍니다.

글 최향

글을 쓰신 최향 선생님은 충청남도 당진에서 태어났어요. 1990년 아동문예에서 '눈 온 날' 외 1편으로 작품상을 받고 문단에 나왔지요. 동시집 《물방울 편지》로 아동문예작가상을 수상했고, 동시집 《한쪽 눈만 떠 봐요》로 한국아동문학상을 수상하기도 했어요. 지금까지 쓴 책으로는 《볼 것도 많고 살 것도 많다》, 《물방울 편지》, 《한쪽 눈만 떠 봐요》, 《반쪽 편지》 등이 있어요. 옮긴 책은 《우리 옛 동시》가 있답니다.

그림 이은천

그림을 그리신 이은천 선생님은 충청북도 옥천에서 태어났어요. 중앙대학교에서 한국화를 공부하고 그림책에 그림을 그리기 시작했지요. 그동안 그린 책으로는 《울지 마, 울산바위야》, 《희망의 교실》, 《나무야 나무야 겨울 나무야》, 《송아지가 뚫어 준 울타리 구멍》, 《마사코의 질문》, 《멋진 내 남자친구》 《세상에서 가장 소중한 약속》 등이 있어요.

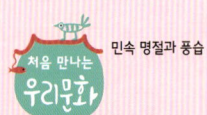

민속 명절과 풍습

볼 것도 많다 살 것도 많다

펴낸날 개정판 1쇄 2016년 10월 4일 | 개정판 9쇄 2024년 3월 15일
글 최향 | **그림** 이은천 | **제목 글씨** 필묵 김종건
사진 제공 게티이미지, 이미지클릭, 국립민속박물관, 엔사이버, 연합뉴스, 토픽, 포인스
펴낸이 서명지 | **개발책임** 조재은 | **책임편집** 한재준 | **편집** 최주영 | **디자인** 김수영
마케팅책임 이경준 | **제작책임** 이현애
펴낸곳 ㈜키즈스콜레 | **출판신고** 제2022-000036호 | **주소** 서울특별시 서초구 방배천로 91 9층
주문 전화 02)829-1825 | **주문 팩스** 070)4170-4318 | **내용 문의** 070)8209-6140

© 최향, 이은천, 2005
ISBN 979-11-6825-283-7 ISBN 979-11-6825-107-6(세트) 값 12,000원

이 책은 저작권법에 따라 보호받는 저작물이므로, 이 책에 실린 내용의 무단 전재와 무단 복제를 금합니다.

- 잘못 만들어진 책은 구입한 곳에서 바꾸어 드립니다.
- 오늘책은 ㈜키즈스콜레의 단행본 브랜드입니다.